ÉPUBLIQUE FRANÇAISE

CANTON DE LONGWY

VILLE DE HERSERANGE

Règlement

Sanitaire

Prix officiel : 3 fr. 50

NANCY
IMPRIMERIE COOPÉRATIVE DES MUTILÉS
45, Faubourg des Trois-Maisons, 45
1927

CANTON DE LONGWY

VILLE DE HERSERANGE

Règlement

Sanitaire

Prix officiel : 3 fr. 50

NANCY

IMPRIMERIE COOPÉRATIVE DES MUTILÉS

45, Faubourg des Trois-Maisons, 45

1927

RÈGLEMENT SANITAIRE COMMUNAL

Nous, Maire de la Commune de Herserange,

Vu l'article 1er de la loi du 15 février 1902,

Vu la délibération du Conseil municipal en date du 30 décembre 1926,

ARRÊTONS :

TITRE I

SALUBRITÉ

Règles générales de salubrité des habitations

Art. 1er. — Les habitations seront disposées de manière à être largement éclairées et ensoleillées le plus longtemps possible. Leurs revêtements intérieurs seront maintenus en état de propreté parfaite. Elles seront munies de moyens d'évacuation des eaux pluviales, des eaux ménagères et des matières usées. L'épaisseur des murs et la qualité des matériaux seront suffisantes pour assurer une construction saine et garantir les occupants contre les variations atmosphériques. Le sol naturel sur lequel sera construite l'habitation devra offrir toute garantie de salubrité. Elles seront autant que possible édifiées sur caves.

Pièces destinées à l'habitation

Art. 2. — Au rez-de-chaussée et aux étages, le sol de toute pièce pouvant servir à l'habitation de jour ou de nuit, aura une surface minimum de

9 mètres. Tout logement devra contenir au moins une pièce de 12 mètres superficiels.

Chacune de ces pièces sera éclairée et aérée, sur rue ou sur cour, au moyen d'une ou de plusieurs baies dont l'ensemble devra présenter une section totale ouvrante au moins égale au sixième du sol de ladite pièce.

Art. 3. — Les jours de souffrance ne pourront jamais être comptés dans le calcul des surfaces obligatoires des sections de baies.

Caves

Art. 4. — Les caves ne pourront jamais servir à l'habitation de jour ou de nuit. Elles seront toujours ventilées par des soupiraux communiquant avec l'air extérieur. Ces soupiraux auront une section libre minimum de 6 décimètres carrés avec une dimension minimum de 12 centimètres.

Il est interdit d'ouvrir une porte ou trappe de communication entre une cave et une pièce destinée à l'habitation de nuit.

Sous-sols

Art. 5. — Les sous-sols destinés à l'habitation de jour auront chacune de leurs pièces aérée et éclairée au moyen de baies ouvrant sur rue ou sur cour et ayant les dimensions indiquées à l'article 2.

Toutefois, les sous-sols destinés à l'habitation de jour, fût-elle brève, qui ne rempliraient pas les conditions ci-dessus, devront être installés de telle façon que le renouvellement de l'air de ces locaux soit assuré au moins toutes les quarante minutes.

Dans tous les cas, le sol et les murs devront être imperméables.

L'habitation de nuit est interdite dans les sous-sols.

Rez-de-chaussée et étages

Art. 6. — Les murs des locaux habitables du rez-de-chaussée seront séparés du sol par une couche isolante imperméable placée en contre-haut du sol intérieur.

Les locaux habitables du rez-de-chaussée seront séparés du sol, soit par la continuation, dans toute leur surface, de la couche isolante imperméable ci-dessus, placée en contre-haut du sol extérieur, soit par un espace ventilé dont la hauteur libre ne saurait être inférieure à soixante centimètres.

Art. 7. — Dans les bâtiments de quelque nature qu'ils soient, la hauteur des pièces habitables ne sera pas inférieure aux dimensions suivantes, mesurées sous plafond : 2 m. 60 pour le sous-sol, 2 m. 80 pour le rez-de-chaussée et l'étage situé immédiatement au-dessus ; 2 m. 60 pour les autres étages.

La profondeur des pièces habitables, mesurée perpendiculairement au mur de façade, ne pourra jamais dépasser le double de la hauteur comprise entre le sol et le sommet de la baie éclairante.

Art. 8. — A l'étage le plus élevé de la construction, la surface minimum de 9 mètres de toute pièce pouvant servir à l'habitation de jour ou de nuit sera mesurée à 1 m. 30 au-dessus du sol, sans que le cube de la pièce puisse être inférieur à 20 mètres.

Hauteur des constructions

Art. 9. — Pour les constructions sur rues, la hauteur de la façade verticale de l'alignement sera au plus égale à une fois et $6/10^e$ de fois la largeur réglementaire de la voie, avec un maximum de 20 mètres.

Le comble au-dessus de la façade verticale, sera inscrit dans un arc de cercle tangent à la ligne verticale à l'alignement, en son point le plus élevé et prolongé par une tangente horizontale. L'arc de cercle aura pour rayon la moitié de la largeur réglementaire de la voie.

Pour les bâtiments ou partie de bâtiments construits en retrait ou en saillie de l'alignement, les dimensions prévues ci-dessus sont déterminées par rapport à une largeur de voie égale à celle de l'intervalle compris entre la partie la plus saillante de la façade des bâtiments et l'alignement opposé.

Art. 10. — Lorsque les voies sont en pente, la

façade des bâtiments en bordure sera divisée, pour le calcul de la hauteur, en sections ne pouvant dépasser 30 mètres. La cote de hauteur de chaque section sera prise au point milieu de chacune d'elles.

Art. 11. — Pour les bâtiments compris entre les voies d'inégales largeurs ou de niveaux différents, chaque moitié du bâtiment sera régie, en ce qui concerne la hauteur de chacune des façades et le rayon du comble, en raison de la largeur et du niveau de la voie ou de la cour qu'elle borde.

Voies privées

Art. 12. — Les bâtiments élevés en bordure des voies privées sont régis par les mêmes règles que les bâtiments élevés sur les cours.

Cours et courettes

Art. 13. — Les cours sur lesquelles prennent jour et air des pièces pouvant servir à l'habitation de jour ou de nuit auront une surface d'au moins 30 mètres. Les vues directes prises dans l'axe des baies des pièces habitables de jour ou de nuit ne peuvent être inférieures en largeur à 4 mètres dans toute leur étendue. La hauteur verticale des façades des constructions bordant ces cours ne pourra être supérieure au double de la longueur des vues directes et le rayon de comble ne pourra être plus grand que la longueur des mêmes vues directes.

Art. 14. — Les cuisines sont régies par les mêmes règles que les pièces habitables, la surface en plan pouvant être réduite à 5 mètres. L'habitation de nuit dans les cuisines est interdite.

Art. 15. — Les courettes sur lesquelles sont exclusivement éclairées et aérées des pièces pouvant servir à l'habitation de jour ou de nuit, notamment les cuisines, auront une surface de 15 mètres.

Art. 16. — Il est interdit de placer des combles vitrés au-dessus des cours ou courettes à moins qu'il ne soit établi, à la partie supérieure de ces vitrages, des ouvertures constantes dont la section totale sera égale au sixième des surfaces totalisées de toutes les pièces habitables éclairées et aérées sur ladite cour. Une entrée d'air permanente sera aménagée dans la partie inférieure de la cour.

Art. 17. — Lorsque deux propriétaires d'immeubles contigus se seront mis d'accord pour constituer des cours communes, chacune de ces cours devra, dans l'ensemble, satisfaire aux obligations énoncées aux articles 13, 14, 15 et 16 ci-dessus.

Les murs séparatifs entre les cours ne pourront dépasser en hauteur 2 m. 60. Les propriétaires devront notifier leur accord au maire et prendre envers la ville, avant tout commencement d'exécution, l'engagement, par acte notarié, de maintenir leurs cours communes.

Pour les baies des locaux à usage d'habitation de jour ou de nuit situés au rez-de-chaussée, la vue directe sera réglementée comme celle d'une cour ordinaire. Toutefois, si, au mur de clôture de 2 m. 60 de hauteur maximum, on substitue un mur bahut surmonté d'une grille, ce dispositif ne sera pas considéré comme une limite à la vue directe des baies.

Escaliers

Art. 18. — Les escaliers, allées, vestibules et couloirs à usage commun seront aérés et éclairés directement dans toutes leurs parties. Les revêtements intérieurs seront faits de manière à pouvoir être maintenus dans un état constant de propreté et facilement entretenus.

Chauffage et ventilation

Art. 19. — Toute pièce destinée à l'habitation de jour ou de nuit sera munie d'un tuyau de fumée montant au-dessus du faîte de l'immeuble et d'une prise d'air extérieur.

Tout appareil de combustion doit être relié à un conduit de fumée spécial et étanche.

Art. 20. — Les fourneaux de cuisine, fixes ou mobiles, brûlant du bois, du charbon, du coke, du gaz ou des combustibles liquides, seront surmontés d'une hotte raccordée à un conduit de ventilation spécial. Dans le cas contraire, ils devront être efficacement ventilés. Dans les deux cas, une prise d'air extérieur sera aménagée.

Art. 21. — Les tuyaux de fumée s'élèveront à 40 centimètres au moins au-dessus de la partie la plus élevée de la construction. Des précautions seront prises pour éviter tout retour de gaz.

Art. 22. — Les prises d'air des calorifères ne pourront se faire qu'à l'extérieur des constructions.

Art. 23. — Les appareils de chauffage seront construits et installés de telle sorte qu'il ne s'en dégage, à l'intérieur des pièces habitables, ni fumée ni aucun gaz pouvant compromettre la santé des habitants.

Alimentation d'eau

Art. 24. — Dans les agglomérations pourvues d'une distribution publique d'eau potable, toute habitation devra y être reliée par un branchement spécial suivi d'une canalisation qui mette cette eau à la portée de tous les habitants de l'immeuble à toute heure du jour et de la nuit.

Art. 25. — Dans le cas où un immeuble est, en outre, desservi par une canalisation d'eau non potable, celle-ci doit être rendue entièrement distincte de la première par un revêtement ou une peinture de couleur spéciale fixée par l'autorité municipale et il ne devra exister entre ces canalisations aucune communication directe ou indirecte.

Art. 26. — Les réservoirs 'eau potable auront leurs parois formées de matières qui ne risquent pas d'altérer les eaux. Le plomb et ses composés en seront exclus.

Ils seront clos à leur partie supérieure de façon que les poussières ou autres matières étrangères, solides ou liquides, n'y puissent pénétrer. Ils seront munis à leur base d'un robinet de nettoyage et devront être tenus en état constant de propreté. Ils ne devront recevoir que des eaux d'une seule origine.

Ils seront soustraits au rayonnement solaire et

éloignés des conduits d'évacuation des eaux ménagères et des matières usées.

Art. 27. — Aucun puits ne pourra être utilisé
pour l'alimentation privée ou publique, s'il n'est
situé dans un emplacement aussi éloigné que possible
de toute installation qui puisse le contaminer dange-
reusement, telle que : cabinets et fosses d'aisances,
dépôt de fumier ou d'immondices.

Art. 28. — Les parois des puits, supérieurs à la
couche aquifère seront étanches. Les puits seront
fermés à leur origine et protégés contre toute infil-
tration des eaux superficielles par l'établissement
d'une aire de maçonnerie bétonnée, large d'environ
2 mètres, hermétiquement jointe aux parois du puits
et légèrement inclinée du centre vers la périphérie. Il
ne pourra y être puisé qu'au moyen d'appareils ne
risquant pas de contaminer l'eau.

Art. 29. — Les puits seront tenus en état constant de propreté. Dans le cas contraire, il sera pro-
cédé à leur nettoyage ou à leur désinfection sur injonc-
tion du maire, après avis conforme du bureau d'hygiène ou de l'autorité sanitaire, dans les conditions
prévues à l'article 2 de la loi du 15 février 1902.

Art. 30. — Les puits dont l'usage sera reconnu
dangereux seront fermés et ceux dont l'usage est
interdit à titre définitif, seront comblés jusqu'au
niveau du sol.

Art. 31. — En cas d'usage de l'eau de citerne
pour l'alimentation, les parois de cette citerne et les
tuyaux d'amenée seront imperméables.

L'orifice des citernes sera clos et l'eau ne pourra
y être puisée qu'à l'aide d'une pompe ou d'un robinet
siphonné, suivant le cas. Des dispositions seront
prises pour que les premières eaux de pluie ne se
déversent pas dans les citernes.

Art. 32. — Lorsqu'il sera fait usage de gouttières
ou de chéneaux, ceux-ci seront appropriés pour diriger
les eaux rapidement, sans stagnation, dans les tuyaux
de descente. Ils seront maintenus en bon état de
fonctionnement.

Art. 33. — Il est interdit de projeter des eaux usées, des détritus ou autres immondices de quelque nature que ce soit dans les chéneaux et les gouttières.

Art. 34. — Dans les immeubles reliés aux égouts, le sol des cours et courettes présentera des pentes convenablement réglées pour diriger les eaux sur les orifices d'évacuation par des caniveaux ou autres ouvrages étanches.

Les entrées seront munies d'un siphon ou de tout autre moyen d'occlusion analogue raccordé sur les conduits d'évacuation.

Dans les immeubles non reliés aux égouts, des dispositions seront prises pour écarter de l'habitation les eaux de toute nature et les immondices.

Evacuation des eaux et matières usées

Art. 35. — Dans toute maison, il y aura, par appartement ou logement de deux pièces habitables ou plus (non compris la cuisine), un cabinet d'aisance aéré et éclairé directement.

Un poste de lavage avec vidoir siphonné sera installé à proximité de ce cabinet toutes les fois que les canalisations le permettront.

Art. 36. — Il sera établi, au minimum, un cabinet d'aisances par cinq pièces habitables louées séparément et un poste d'eau par dix pièces habitables.

Art. 37. — Dans les établissements à usage collectif, le nombre des cabinets d'aisances sera déterminé en prenant pour base le nombre des personnes appelées à en faire usage.

Art. 38. — Les cabinets d'aisances seront munis de revêtements lisses et imperméables susceptibles d'être lavés ou blanchis à la chaux.

Ils seront éclairés et aérés directement par une baie ayant une section égale au sixième de la surface du sol et pouvant rester constamment ouverte.

Art. 39. — Les cabinets d'aisances ne peuvent communiquer directement avec les cuisines ni avec les autres pièces habitables.

Art. 40. — Dans les agglomérations pourvues d'un réseau d'égouts susceptible de recevoir des matières de vidange, les habitations des rues desservies par ce réseau y seront reliées. Les cabinets d'aisances seront munis d'une cuvette avec occlusion hermétique et permanente. Des dispositions seront prises pour assurer le lavage complet de cette cuvette.

Art. 41. — Lorsque les conduits d'évacuation des matières usées aboutissent à des fosses ou à des tinettes, les cabinets d'aisances devront être munis d'un vase étanche à occlusion permanente.

Les fosses d'aisances seront rigoureusement étanches.

Art. 42. — Les conduits et canalisations destinés à recevoir les matières des cabinets d'aisances auront leurs parois intérieures lisses et imperméables. Ils seront installés de telle sorte qu'aucune matière n'y puisse séjourner. Les joints seront hermétiques. Les canalisations seront munies de tuyaux dits d'égouts. Ceux-ci seront prolongés au-dessus des parties les plus élevées de la construction. Ils seront établis de manière à ne jamais déboucher, soit au-dessous, soit à proximité des fenêtres ou des réservoirs d'eau.

Les fosses d'aisances seront ventilées au moyen d'un conduit étanche montant jusqu'au niveau supérieur des souches de cheminées.

Art. 43. — Les eaux résiduaires chargées de matières fécales ne pourront être déversées dans les cours d'eau qu'après avoir été épurées.

Art. 44. — Les conduits d'évacuation des éviers, lavabos, vidoirs, baignoires, etc., s'il existe des égouts publics, seront indépendants de ceux des cabinets d'aisances et leur raccord avec l'égout sera établi comme pour ces derniers.

Art. 45. — Tous ouvrages appelés à recevoir des matières usées avec ou sans mélange d'eaux pluviales, d'eaux ménagères ou de tous autres liquides, tels qu'égouts, conduits, fosses, etc., auront leur revêtement intérieurs lisses et imperméables.

Leurs dimensions seront proportionnées au volume des matières qu'ils reçoivent. Leurs communications avec l'extérieur seront établies de telle sorte qu'aucun reflux de liquides, de matières ou de gaz nocifs ne puisse se produire dans l'intérieur des habitations.

Art. 46. — Il est interdit de jeter des objets capables de les obstruer, dans les ouvrages destinés à la réception ou à l'évacuation des eaux pluviales, des eaux ménagères et des matières usées.

Art. 47. — Les puits et les puisards absorbants sont interdits.

Logement des animaux

Art. 48. — Les écuries, bouveries, bergeries, por-cheries, seront bien ventilées, bien éclairées et pour-vues d'un plancher haut hourdé plein.

Les murs seront imperméables intérieurement jusqu'à 1 m. 50 à partir du sol et blanchis à la chaux vive dans le reste de leur hauteur, ainsi que le pla-fond.

Leur sol, également imperméable, devra être muni de pentes nécessaires pour faciliter l'écoulement des liquides jusqu'au caniveau d'évacuation et la fosse à purin.

La hauteur sous plafond sera de 2 m. 90 pour les écuries et les bouveries, de 2 m. 50 pour les bergeries et de 2 mètres pour les porcheries.

Des précautions efficaces seront prises contre les mouches.

Fumiers et fosses à purin

Art. 49. — Les fumiers des écuries, bouveries, bergeries et porcheries seront évacués au moins deux fois par semaine, du 1er octobre au 31 mars, et trois fois par semaine du 1er avril au 30 septembre.

Il est formellement interdit de les accumuler et de les laisser séjourner en bordure de la voie publique ou contre les habitations.

En attendant leur utilisation, on pourra les dis-poser, loin des habitations, sur des aires étanches, convenablement aménagées pour l'évacuation des liquides à la fosse à purin.

Les fosses à purin seront construites en maçon-nerie, complètement étanches et vidangées comme les fosses d'aisances.

Leur contenu pourra être utilisé pour l'épandage agricole, loin des habitations.

Celles dont l'insalubrité seraient dûment constatée devront être immédiatement réparées, reconstruites ou supprimées.

Permis de construire

Art. 50. — Aucune construction neuve, ou modification de construction existante, ne pourra être entreprise sans autorisation préalable du maire, ni habitée sans constatation, par le maire, de la conformité de l'exécution avec les plans autorisés, en accord avec le présent règlement.

A cet effet, le propriétaire devra remettre à l'administration municipale, avec sa demande signée par lui, les dessins cotés (plans, coupes et élévations) et à une échelle suffisante de tous les travaux projetés.

Les plans comporteront l'indication des dispositifs d'évacuation des matières et eaux usées.

Si les prescriptions réglementaires sont observées, l'autorisation sera délivrée dans le plus bref délai possible. Il sera délivré au pétitionnaire une autorisation de construire visant ces dessins, qui seront conservés à la mairie. Si des modifications sont reconnues nécessaires, ou s'il y a lieu de refuser l'autorisation, la décision en sera notifiée dans le délai de vingt jours après la date du dépôt des plans.

A l'époque de l'achèvement des travaux, le propriétaire doit aviser l'administration municipale, de façon que celle-ci puisse faire constater que les règlements ont été observés et que l'habitation peut être autorisée sans inconvénients pour la santé des occupants.

Entretien des habitations

Art. 51. — Les façades sur rue, sur cour ou sur courette seront maintenues en état de propreté, ainsi que le sol des cours et courettes.

Il en sera de même pour les parois des allées, vestibules et couloirs à usage commun.

Les murs, plafonds et boiseries des cabinets d'aisances à usage commun seront lessivés, peints ou blanchis à la chaux chaque année.

Si les façades des habitations sont enduites en plâtre, elles seront repeintes ou blanchies à la chaux au moins tous les dix ans.

Les grillages et couvertures vitrées posées sur les cours et courettes seront toujours accessibles et maintenus en bon état de propreté.

TITRE II

PROPHYLAXIE DES M LADIES TRANSMISSIBLES

Maladies transmissibles

Art. 52. — En vertu de l'article 4 de la loi du 15 février 1902 et conformément à l'article 1er du décret du 10 février 1903, les précautions à prendre pour prévenir ou faire cesser les maladies transmissibles dont la déclaration est obligatoire, sont déterminées, notamment en ce qui concerne l'isolement du malade et la désinfection dans les conditions ci-après.

Art. 53. — Les mêmes mesures sont applicables en cas de l'une des maladies énumérées dans la deuxième partie de l'article 1er du décret précité du 10 février 1903, sur la demande des familles, des chefs de collectivités publiques ou privées, des administrations hospitalières ou des bureaux d'assistance, après entente avec les intéressés.

Isolément

Art. 54. — Tout individu atteint d'une des maladies prévues aux articles qui précèdent sera isolé de telle sorte qu'il ne puisse propager cette maladie par lui-même ou par ceux qui sont appelés à le soigner.

L'isolement sera pratiqué soit à domicile, soit dans un local spécialement aménagé à cet effet, soit à l'hôpital.

Art. 55. — Jusqu'à la disparition complète de tout danger de transmission, on ne laissera approcher du malade que les personnes appelées à le soigner. Celles-ci prendront des précautions convenables pour éviter la propagation du mal.

Transport des malades

Art. 56. — Le transport du malade sera, autant que possible, effectué par une voiture spéciale désinfectée après le voyage.

Dans le cas, où à défaut de voiture spéciale, il serait fait usage d'une voiture publique ou privée, ce véhicule devra être désinfecté immédiatement après le transport, sous la responsabilité de ses propriétaires et conducteurs, qui pourront exiger un certificat de désinfection.

Art. 57. — Il est interdit à toute personne atteinte d'une des maladies transmissibles visées aux articles 53 et 54 de pénétrer dans une voiture affectée au transport en commun.

S'il s'agit de transport par chemin de fer, le chef de gare devra être prévenu à l'avance, pour permettre l'application de l'article 60 du règlement sur la police des chemins de fer, modifié par décret du 1er mars 1901.

Désinfection

Art. 58. — Il est interdit de déverser aucune déjection ou excrétion (crachats, matières fécales, etc.) provenant d'un malade atteint d'une affection transmissible sur les voies publiques ou privées, dans les cours, dans les jardins ou sur les fumiers.

Ces déjections ou excrétions seront recueillies dans des vases spéciaux ; elles seront désinfectées et exclusivement projetées dans les cabinets d'aisances.

Art. 59. — Pendant toute la durée d'une maladie transmissible, les objets à usage personnel ou domestique du malade et des personnes qui l'assistent, de même que les objets contaminés ou souillés, seront désinfectés.

Art. 60. — Il est interdit, sans désinfection préalable, de jeter, secouer ou exposer aux fenêtres aucun linge, vêtement, objet de literie, tapis ou tenture ayant servi au malade ou provenant des locaux occupés par lui.

Art. 61. — Le nettoyage de la pièce et des objets qui la garnissent se fera exclusivement, pendant toute la durée de la maladie, à l'aide de linges, étoffes, tissus ou substances imprégnées de liquides antiseptiques.

Art. 62. — Il est interdit d'envoyer sans désinfection préalable aux lavoirs publics ou privés, ou aux blanchisseries, des linges et effets à usage contaminés ou souillés.

Dans le cas où le lavage de ces objets aurait été néanmoins pratiqué, le propriétaire du lavoir ou de la blanchisserie tiendra l'établissement fermé jusqu'à ce que l'assainissement ou la désinfection prescrits par l'autorité sanitaire aient été effectués.

Il est également interdit d'envoyer, sans désinfection préalable aux établissements industriels qui pratiquent le cardage ou l'épuration proprement dite, des matelas, literies et couvertures ayant servi à des malades atteints de maladies transmissibles.

Art. 63. — Les locaux occupés par le malade seront désinfectés aussitôt après son transport en dehors de son domicile, sa guérison ou son décès.

L'exécution de cette prescription pourra être constatée par un certificat délivré aux intéressés sur leur demande. Ce certificat ne mentionnera ni le nom du malade, ni la nature de la maladie ; il désignera les locaux désinfectés.

Sortie des malades

Art. 64. — Après guérison, le malade ne sortira qu'après avoir pris les précautions convenables de propreté et de désinfection.

Dans le cas où le malade soigné dans un établissement hospitalier sortirait de cet établissement, pour quelque motif que ce soit, avant que tout danger de contamination ait disparu pour les personnes avec lesquelles il pourrait se trouver en contact, l'avis doit en être donné immédiatement au maire par le

médecin traitant, ou le chef de service responsable.
Cet avis, formulé dans les mêmes conditions que la
déclaration de maladie, doit indiquer le domicile ou
le lieu auquel le malade sortant a déclaré se rendre.

Art. 65. — Les enfants ne pourront être réadmis à
l'école, soit publique, soit privée, qu'après un avis
favorable du médecin traitant et l'autorisation du
médecin inspecteur de l'école.

Refuges et asiles

Art. 66. — Dans les établissements publics ou
privés recueillant à titre temporaire ou permanent,
des personnes sans asile, les vêtements et effets à
l'usage de celles-ci seront aussitôt désinfectés.

La désinfection du matériel et des locaux de ces
établissements sera pratiquée chaque jour, pour toute
la partie du matériel ayant servi aux réfugiés et des
locaux qu'ils ont occupés.

Procédés de désinfection

Art. 67. — La désinfection sera pratiquée, soit
par les services publics, soit par des particuliers, dans
les conditions prescrites par l'article 7 de la loi du
15 février 1902, notamment en ce qui concerne l'ap-
probation préalable des procédés par le ministre de
l'Intérieur.

Cadavres

Art. 68. — Les cadavres de personnes mortes de
maladies transmissibles seront isolés le plus promp-
tement possible.

Les dispositions nécessaires seront immédiatement
prises pour assurer la mise en bière et l'inhumation, en
exécution du décret du 27 avril 1889.

TITRE III

DISPOSITIONS GÉNÉRALES

Art. 69. — Une surveillance spéciale est exercée,
au point de vue de la qualité de l'eau potable, sur les

établissements ouverts au public tels que cafés, restaurants ou débits. L'usage de toute eau reconnue malsaine est interdit par arrêté du maire. Les puits ou citernes dont l'eau servant d'eau potable serait reconnue malsaine, seront immédiatement fermés.

Art. 70. — Les lavoirs seront largement aérés, les revêtements de leurs parois seront lisses et imperméables ; le sol aura des rigoles d'écoulement.

Leurs bassins seront étanches, tenus avec la plus grande propreté, vidés, nettoyés et désinfectés au moins une fois par mois.

Art. 71. — Si les matières de vidange sont utilisées pour des cultures, elles seront recueillies et transportées dans des récipients clos jusqu'à leur dépôt sur les terrains auxquels elles sont destinées.

Art. 72. — Il est interdit de déverser des matières de vidange et des eaux d'égouts sur des champs où sont cultivés à ras du sol des légumes et des fruits destinés à être consommés crus.

Art. 73. — Les prescriptions des articles qui précèdent sont applicables aux établissements collectifs ou publics, aux administrations publiques, ainsi qu'aux édifices publics.

Art. 74. — Pour l'exécution des prescriptions formulées par les articles 23 et 25 (alimentation en eau), 41 (évacuation des matières usées), 42 (fosses d'aisances), et 48 (puits et puisards absorbants), il sera accordé un délai maximum de 18 mois à partir de la publication du présent règlement.

TITRE IV

PÉNALITÉS

Art. 75. — Les contraventions aux dispositions du présent règlement seront poursuivies conformément à l'article 27 de la loi du 15 février 1902 et passibles des pénalités prévues tant par cet article que par l'article 471 du Code pénal, sans préjudice de l'application des articles 28, 29 et 30, ainsi que des contraventions dites de grande voirie qui leur seraient applicables.

Art. 76. — Le présent règlement annule et remplace celui du 21 janvier 1913.

Herserange, le 14 mars 1927.

Le Maire,

GOBERT.

Le Préfet de Meurthe-et-Moselle, officier de la Légion d'honneur,

Vu le règlement sanitaire de la commune d'Herserange, présenté à la date du 14 mars 1927 par le Maire de la commune ;

Vu la délibération du Conseil municipal, en date du 30 décembre 1926 ;

Vu l'avis de la 2e Commission sanitaire de l'arrondissement de Briey ;

Vu l'avis du Conseil départemental d'Hygiène ;

Vu l'article 2 de la loi du 15 février 1902 ;

Approuve ledit règlement.

Nancy, le 12 juillet 1927.

Pour le Préfet :

Le Conseiller de Préfecture délégué,

Signé : *Illisible.*